Schule - школа	2
Reise - путешествие	5
Transport - транспорт	8
Stadt - город	10
Landschaft - ландшафт	14
Restaurant - ресторан	17
Supermarkt - супермаркет	20
Getränke - напитки	22
Essen - еда	23
Bauernhof - ферма	27
Haus - дом	31
Wohnzimmer - гостиная	33
Küche - кухня	35
Badezimmer - ванная комната	38
Kinderzimmer - детская комната	42
Kleidung - одежда	44
Büro - офис	49
Wirtschaft - экономика	51
Berufe - профессии	53
Werkzeuge - инструменты	56
Musikinstrumente - музыкальные инструменты	57
Zoo - зоопарк	59
Sport - спорт	62
Aktivitäten - действия	63
Familie - семья	67
Körper - тело	68
Spital - больница	72
Notfall - неотложный случай	76
Erde - земля	77
Uhr - часы	79
Woche - неделя	80
Jahr - год	81
Formen - формы	83
Farben - цвета	84
Gegenteile - противоположности	85
Zahlen - цифры	88
Sprachen - языки	90
wer / was / wie - кто / что / как	91
wo - где	92

Impressum
Verlag: BABADADA GmbH, Nedderfeld 112 , 22529 Hamburg
Geschäftsführer / Verlagsleitung: Harald Hof
Druck: Books on Demand GmbH, In de Tarpen 42, 22848 Norderstedt

Imprint
Publisher: BABADADA GmbH, Nedderfeld 112 , 22529 Hamburg, Germany
Managing Director / Publishing direction: Harald Hof
Print: Books on Demand GmbH, In de Tarpen 42, 22848 Norderstedt, Germany

Schule
школа

- dividieren — делить
- Tafel — доска
- Klassenzimmer — классная комната
- Schulhof — школьный двор
- Lehrer — учитель
- Papier — бумага
- schreiben — писать
- Stift — ручка
- Schreibtisch — письменный стол
- Lineal — линейка
- Buch — книга
- Schüler — ученик

Schultasche
ранец

Federmappe
пенал

Bleistift
карандаш

Bleistiftspitzer
точилка

Radierer
ластик

Zeichenblock
альбом для рисования

Zeichnung
рисунок

Pinsel
кисточка

Malkasten
коробка красок

Schere
ножницы

Klebstoff
клей

Übungsheft
тетрадь

Hausübung
домашняя работа

Zahl
цифра

2+2

addieren
прибавлять

subtrahieren
вычитать

multiplizieren
умножать

rechnen
считать

Buchstabe
буква

Alphabet
алфавит

Wort
слово

Schule - школа

Text
текст

lesen
читать

Kreide
мел

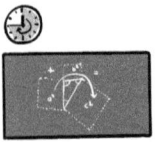
Unterrichtsstunde
урок

Klassenbuch
классный журнал

Prüfung
экзамен

Zeugnis
диплом

Schuluniform
школьная форма

Ausbildung
образование

Lexikon
энциклопедия

Universität
университет

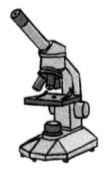
Mikroskop
микроскоп

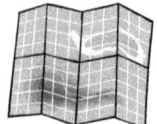
Karte
карта

Papierkorb
корзина для бумаг

Schule - школа

Reise
путешествие

Hotel — гостиница
Herberge — турбаза
Wechselstube — пункт обмена валюты
Koffer — чемодан
Auto — автомобиль

Sprache
язык

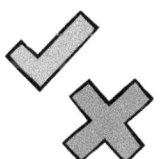

ja / nein
да / нет

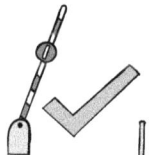

Okay
хорошо

Hallo
Привет

Dolmetscherin
переводчик

Danke
Спасибо

Reise - путешествие

Wie viel kostet …?

Сколько стоит…?

Ich verstehe nicht.

Я не понимаю

Problem

проблема

Guten Abend!

Добрый вечер!

Guten Morgen!

Доброе утро!

Gute Nacht!

Доброй ночи!

Auf Wiederschaun!

До свидания

Richtung

направление

Gepäck

багаж

Tasche

сумка

Rucksack

рюкзак

Gast

гость

Zimmer

комната

Schlafsack

спальный мешок

Zelt

палатка

Reise - путешествие

Touristeninformation

туристическая информация

Strand

пляж

Kreditkarte

кредитная карточка

Frühstück

завтрак

Mittagessen

обед

Abendessen

ужин

Fahrkarte

билет

Lift

лифт

Briefmarke

почтовая марка

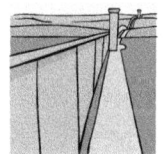

Grenze

граница

Zoll

таможня

Botschaft

посольство

Visum

виза

Pass

паспорт

Reise - путешествие

Transport
транспорт

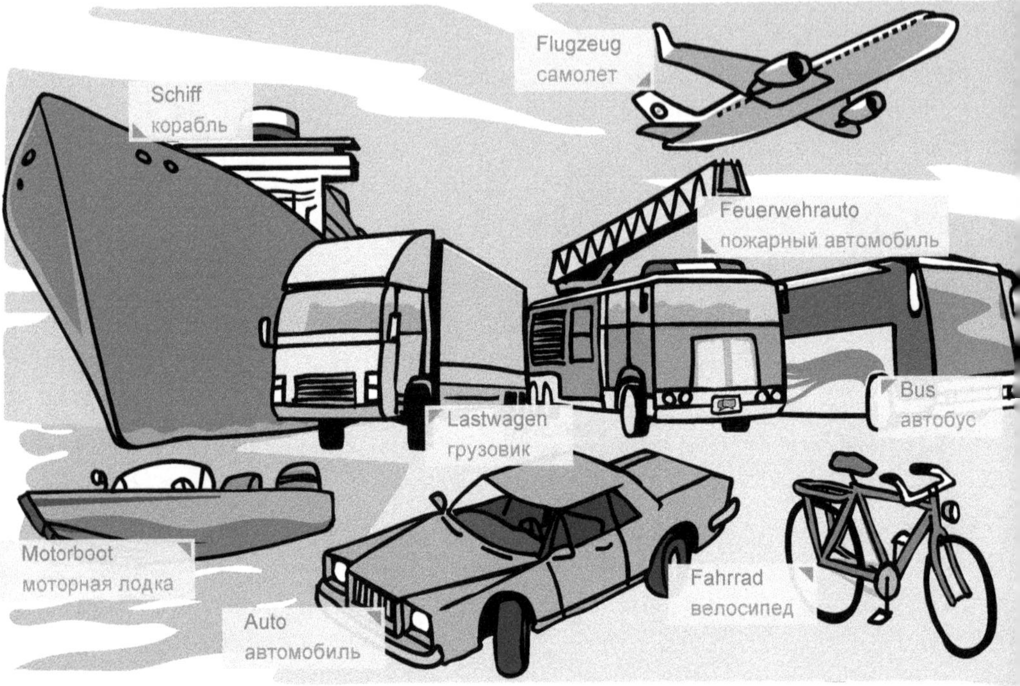

Flugzeug — самолет
Schiff — корабль
Feuerwehrauto — пожарный автомобиль
Bus — автобус
Lastwagen — грузовик
Motorboot — моторная лодка
Fahrrad — велосипед
Auto — автомобиль

Fähre
паром

Boot
лодка

Motorrad
мотоцикл

Polizeiauto
полицейский автомобиль

Rennauto
гоночный автомобиль

Mietwagen
арендованный автомобиль

Transport - транспорт

Carsharing совместное пользование автомобилями	Abschleppwagen буксировочный автомобиль	Müllwagen мусоровоз

Motor двигатель	Kraftstoff топливо	Tankstelle заправка
	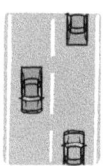	
Verkehrsschild дорожный знак	Verkehr движение	Stau пробка

Parkplatz автостоянка	Bahnhof вокзал	Schienen рельсы
	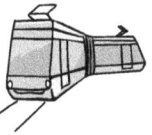	
Zug поезд	Straßenbahn трамвай	Wagon вагон

Transport - транспорт

Hubschrauber

вертолет

Flughafen

аэропорт

Tower

вышка

Passagier

пассажир

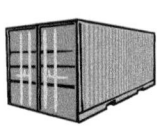

Container

контейнер

Karton

коробка

Rollwagen

тележка

Korb

корзина

starten / landen

взлетать / приземляться

Stadt
город

Dorf

деревня

Stadtzentrum

центр города

Haus

дом

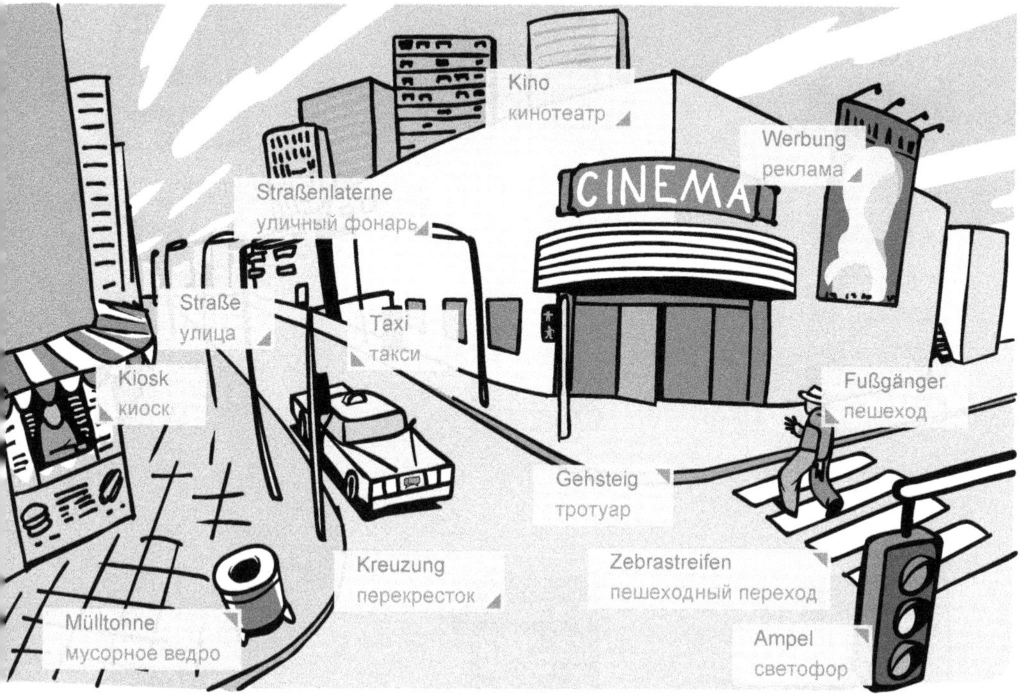

Hütte	Wohnung	Bahnhof
хижина	квартира	вокзал

Rathaus	Museum	Schule
ратуша	музей	школа

Stadt - город

Universität

университет

Bank

банк

Spital

больница

Hotel

гостиница

Apotheke

аптека

Büro

офис

Buchhandlung

книжный магазин

Geschäft

магазин

Blumenladen

цветочный магазин

Supermarkt

супермаркет

Markt

рынок

Kaufhaus

универмаг

Fischhändler

торговец рыбой

Einkaufszentrum

торговый центр

Hafen

порт

Stadt - город

Park

парк

Bank

скамейка

Brücke

мост

Stiege

лестница

U-Bahn

метро

Tunnel

тоннель

Bushaltestelle

автобусная остановка

Bar

бар

Restaurant

ресторан

Briefkasten

почтовый ящик

Straßenschild

табличка с названием улицы

Parkuhr

паркометр

Zoo

зоопарк

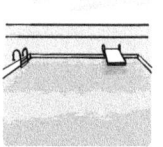

Badeanstalt

бассейн

Moschee

мечеть

Stadt - город

Bauernhof
ферма

Umweltverschmutzung
загрязнение окружающей среды

Friedhof
кладбище

Kirche
церковь

Spielplatz
детская площадка

Tempel
храм

Landschaft
ландшафт

Blatt — лист
Wegweiser — дорожный указатель
Weg — дорога
Wiese — луг
Stein — камень
Baum — дерево
Wanderer — путешественник
Fluss — река
Gras — трава
Blume — цветок

Tal
долина

Hügel
гора

See
озеро

Wald
лес

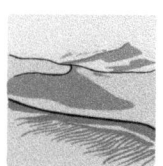
Wüste
пустыня

Vulkan
вулкан

Schloss
замок

Regenbogen
радуга

Pilz
гриб

Palme
пальма

Moskito
комар

Fliege
муха

Ameise
муравей

Biene
пчела

Spinne
паук

Landschaft - ландшафт

Käfer
жук

Frosch
лягушка

Eichhörnchen
белка

Igel
еж

Hase
заяц

Eule
сова

Vogel
птица

Schwan
лебедь

Wildschwein
кабан

Hirsch
олень

Elch
лось

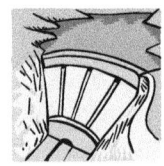

Staudamm
плотина

Windrad
ветряной генератор

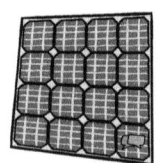

Solarmodul
солнечная батарея

Klima
климат

Landschaft - ландшафт

Restaurant
ресторан

Kellner — официант
Speisekarte — меню
Sessel — стул
Suppe — суп
Pizza — пицца
Besteck — столовые приборы
Tischdecke — скатерть

Vorspeise
закуска

Hauptgericht
главное блюдо

Nachspeise
десерт

Getränke
напитки

Essen
еда

Flasche
бутылка

Fastfood — фастфуд

Streetfood — уличная еда

Teekanne — чайник

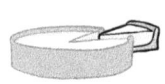

Zuckerdose — сахарница

Portion — порция

Espressomaschine — кофеварка

Kinderstuhl — детский стульчик

Rechnung — счет

Tablett — поднос

Messer — нож

Gabel — вилка

Löffel — ложка

Teelöffel — чайная ложка

Serviette — салфетка

Glas — стакан

Restaurant - ресторан

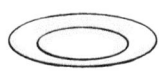
Teller
тарелка

Suppenteller
суповая тарелка

Untertasse
блюдце

Sauce
соус

Salzstreuer
солонка

Pfeffermühle
мельница для перца

Essig
уксус

Öl
масло

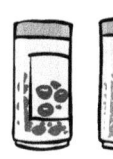
Gewürze
специи

Ketchup
кетчуп

Senf
горчица

Mayonnaise
майонез

Restaurant - ресторан

Supermarkt
супермаркет

Angebot — специальное предложение

Kunde — покупатель

Milchprodukte — молочные продукты

Einkaufswagen — тележка для покупок

Obst — фрукты

Schlachterei
мясной магазин

Bäckerei
пекарня

wiegen
взвешивать

Gemüse
овощи

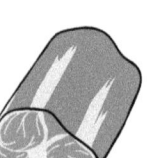

Fleisch
мясо

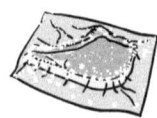

Tiefkühlkost
быстрозамороженные продукты

Supermarkt - супермаркет

Aufschnitt

нарезка

Konserven

консервы

Waschmittel

стиральный порошок

Süßigkeiten

сладости

Haushaltsartikel

предмет домашнего обихода

Reinigungsmittel

моющее средство

Verkäuferin

продавщица

Kassa

касса

Kassiererin

кассир

Einkaufsliste

список покупок

Öffnungszeiten

время работы

Brieftasche

бумажник

Kreditkarte

кредитная карточка

Tasche

сумка

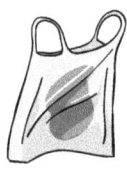

Plastiktüte

полиэтиленовый пакет

Supermarkt - супермаркет

Getränke
напитки

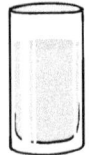

Wasser

вода

Saft

сок

Milch

молоко

Cola

кока-кола

Wein

вино

Bier

пиво

Alkohol

алкоголь

Kakao

какао

Tee

чай

Kaffee

кофе

Espresso

эспрессо

Cappuccino

капучино

Essen
еда

Banane
банан

Apfel
яблоко

Orange
апельсин

Melone
арбуз

Zitrone
лимон

Karotte
морковь

Knoblauch
чеснок

Bambus
бамбук

Zwiebel
лук

Pilz
гриб

Nüsse
орехи

Nudeln
лапша

Spaghetti	Reis	Salat
спагетти	рис	салат

Pommes frites	Bratkartoffeln	Pizza
картофель фри	жареный картофель	пицца

Hamburger	Sandwich	Schnitzel
гамбургер	сэндвич	шницель

Schinken	Salami	Wurst
ветчина	салями	колбаса

Huhn	Braten	Fisch
курица	жаркое	рыба

Essen - еда

Haferflocken
овсяные хлопья

Müsli
мюсли

Cornflakes
кукурузные хлопья

Mehl
мука

Croissant
круассан

Semmel
булочка

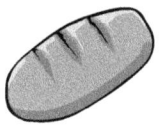
Brot
хлеб

Toast
тост

Kekse
печенье

Butter
масло

Topfen
творог

Kuchen
пирог

Ei
яйцо

Spiegelei
яичница

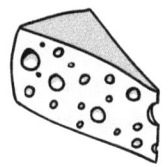
Käse
сыр

Essen - еда

Eiscreme

мороженое

Zucker

сахар

Honig

мед

Marmelade

мармелад

Schokoladenaufstrich

крем с нугой

Curry

карри

Essen - еда

Bauernhof
ферма

Bauernhaus — крестьянский дом
Scheune — сарай
Strohballen — тюк из соломы
Feld — поле
Pferd — лошадь
Anhänger — прицеп
Fohlen — жеребенок
Traktor — трактор
Esel — осел
Lamm — ягненок
Schaf — овца

Ziege
коза

Kuh
корова

Kalb
теленок

Schwein
свинья

Ferkel
поросенок

Stier
бык

Gans	Ente	Küken
гусь	утка	цыпленок

Huhn	Hahn	Ratte
курица	петух	крыса

Katze	Maus	Ochse
кошка	мышь	вол

Hund	Hundehütte	Gartenschlauch
собака	конура	садовый шланг

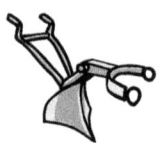

Gießkanne	Sense	Pflug
лейка	коса	плуг

Bauernhof - ферма

Sichel
серп

Hacke
мотыга

Mistgabel
навозные вилы

Axt
топор

Schubkarre
тачка

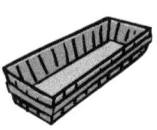

Trog
корыто

Milchkanne
бидон для молока

Sack
мешок

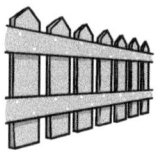

Zaun
забор

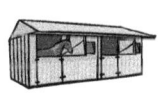

Stall
хлев

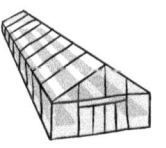

Treibhaus
теплица

Boden
почва

Saat
посев

Dünger
удобрение

Mähdrescher
комбайн

Bauernhof - ферма

ernten
собирать урожай

Ernte
урожай

Yamswurzel
ямс

Weizen
пшеница

Soja
соя

Erdapfel
картофель

Mais
кукуруза

Raps
рапс

Obstbaum
фруктовое дерево

Maniok
маниок

Getreide
злаки

Haus
дом

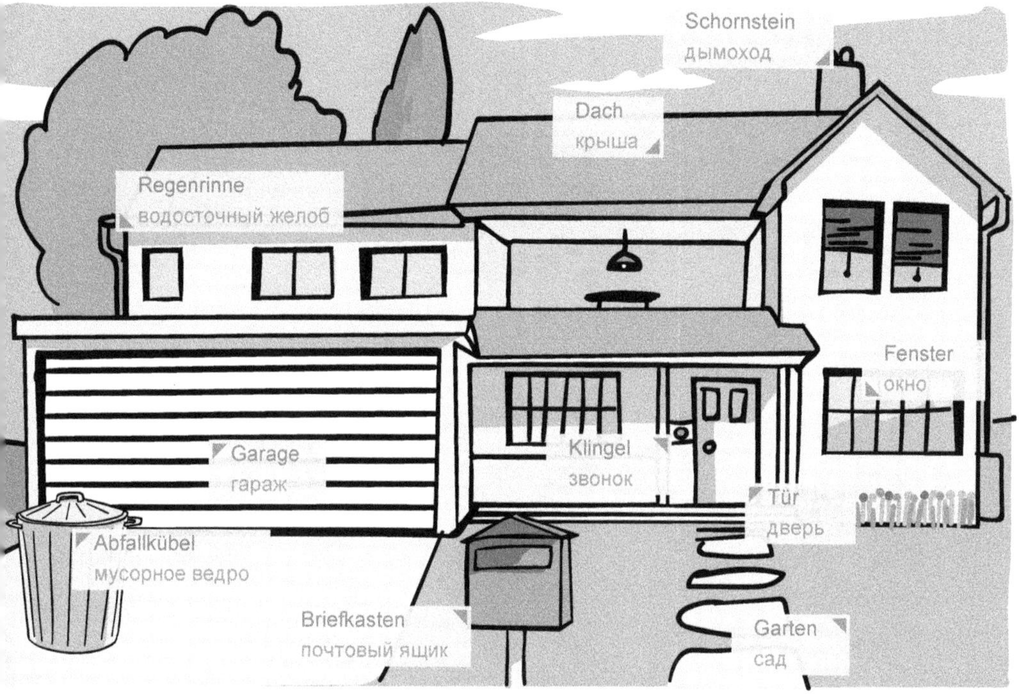

Schornstein — дымоход
Dach — крыша
Regenrinne — водосточный желоб
Fenster — окно
Garage — гараж
Klingel — звонок
Tür — дверь
Abfallkübel — мусорное ведро
Briefkasten — почтовый ящик
Garten — сад

Wohnzimmer
гостиная

Badezimmer
ванная комната

Küche
кухня

Schlafzimmer
спальня

Kinderzimmer
детская комната

Esszimmer
столовая

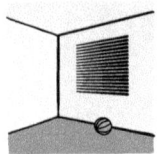	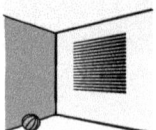	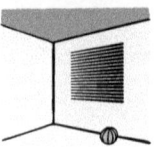
Boden пол	Wand стена	Decke потолок
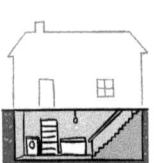	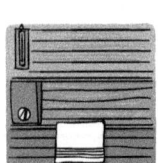	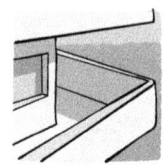
Keller подвал	Sauna сауна	Balkon балкон

Terrasse терраса	Schwimmbad бассейн	Rasenmäher газонокосилка
	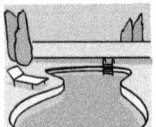	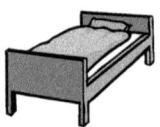
Bettbezug пододеяльник	Bettdecke покрывало	Bett кровать

Besen метла	Kübel ведро	Schalter выключатель

Haus - дом

Wohnzimmer
гостиная

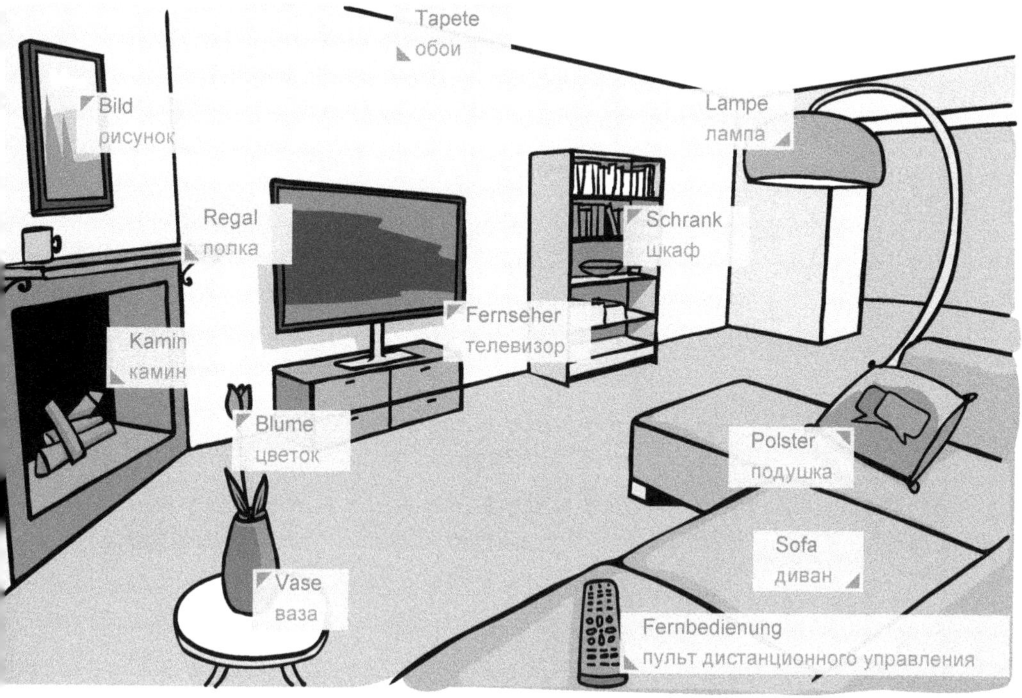

- Bild — рисунок
- Tapete — обои
- Lampe — лампа
- Regal — полка
- Schrank — шкаф
- Kamin — камин
- Fernseher — телевизор
- Blume — цветок
- Polster — подушка
- Vase — ваза
- Sofa — диван
- Fernbedienung — пульт дистанционного управления

Teppich — ковер

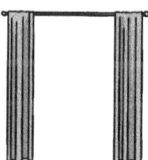

Vorhang — штора

Tisch — стол

Sessel — стул

Schaukelstuhl — кресло-качалка

Sessel — кресло

Buch
книга

Decke
покрывало

Dekoration
украшение

Feuerholz
дрова

Film
фильм

Stereoanlage
стереосистема

Schlüssel
ключ

Zeitung
газета

Gemälde
картина

Poster
плакат

Radio
радио

Notizblock
блокнот

Staubsauger
пылесос

Kaktus
кактус

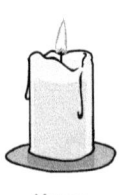
Kerze
свеча

Wohnzimmer - гостиная

Küche
кухня

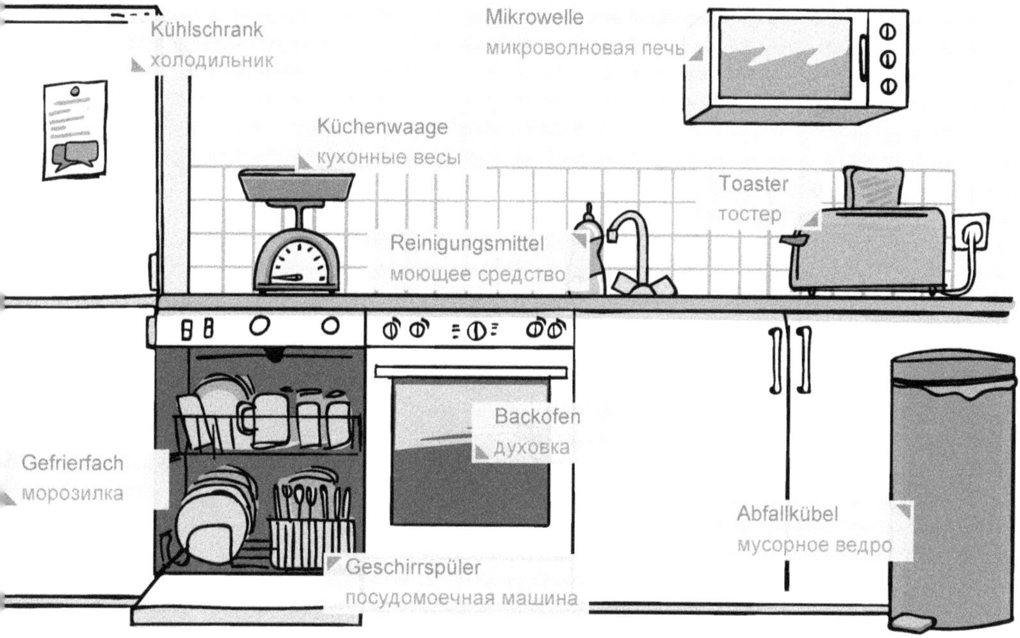

Kühlschrank
холодильник

Mikrowelle
микроволновая печь

Küchenwaage
кухонные весы

Reinigungsmittel
моющее средство

Toaster
тостер

Gefrierfach
морозилка

Backofen
духовка

Abfallkübel
мусорное ведро

Geschirrspüler
посудомоечная машина

Herd
плита

Topf
кастрюля

Eisentopf
чугунный котелок

Wok / Kadai
вок / кадай

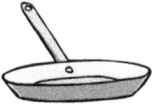

Pfanne
сковорода

Wasserkocher
чайник

Dampfgarer

пароварка

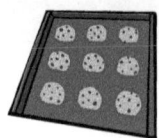

Backblech

противень

Geschirr

посуда

Becher

кружка

Schale

миска

Essstäbchen

палочки для еды

Schöpflöffel

половник

Pfannenwender

лопатка

Schneebesen

сбивалка

Kochsieb

сито

Sieb

сито

Reibe

терка

Mörser

ступка

Grill

гриль

Kaminfeuer

костер

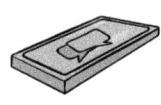

Schneidebrett

доска

Nudelholz

скалка

Korkenzieher

штопор

Dose

жестяная банка

Dosenöffner

консервный нож

Topflappen

прихватка

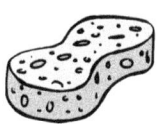

Waschbecken

раковина

Bürste

щетка

Schwamm

губка

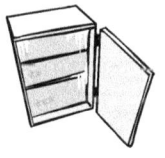

Mixer

миксер

Gefriertruhe

морозильная камера

Babyflasche

бутылочка для кормления

Wasserhahn

кран

Küche - кухня

Badezimmer
ванная комната

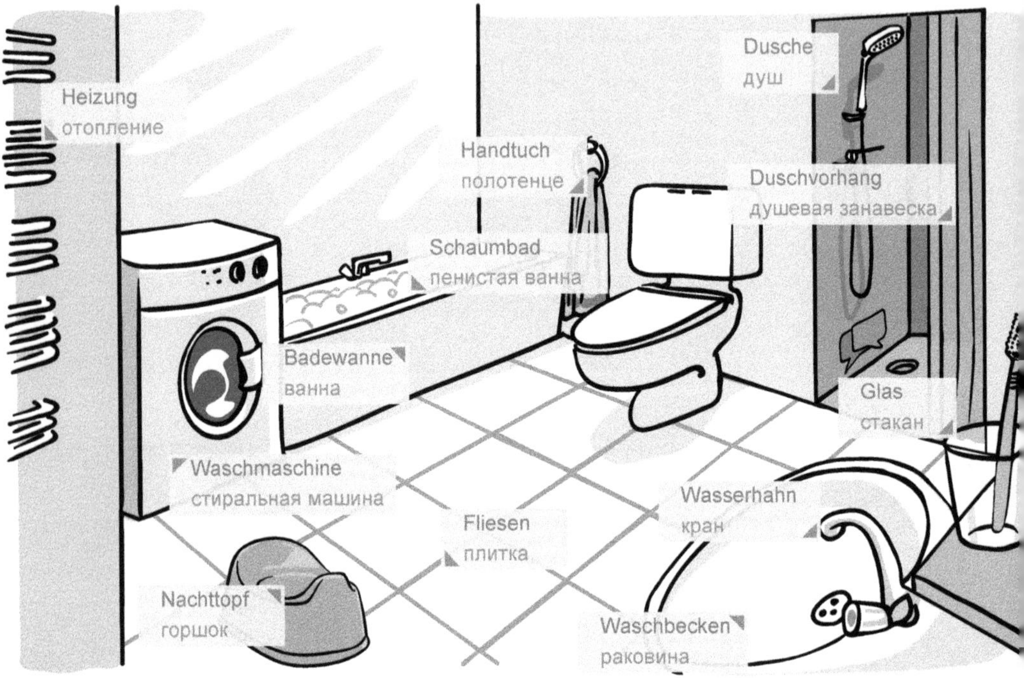

- Heizung — отопление
- Dusche — душ
- Handtuch — полотенце
- Duschvorhang — душевая занавеска
- Schaumbad — пенистая ванна
- Badewanne — ванна
- Glas — стакан
- Waschmaschine — стиральная машина
- Wasserhahn — кран
- Fliesen — плитка
- Nachttopf — горшок
- Waschbecken — раковина

Klo	Hocktoilette	Bidet
туалет	напольный унитаз	биде

Pissoir	Klopapier	Klobürste
писсуар	туалетная бумага	ершик

Zahnbürste

зубная щетка

Zahnpasta

зубная паста

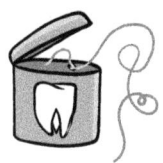

Zahnseide

зубная нить

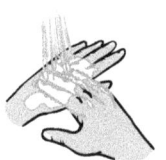

waschen

мыть

Handbrause

ручной душ

Intimdusche

интимный душ

Waschschüssel

таз

Rückenbürste

щетка для спины

Seife

мыло

Duschgel

гель для душа

Shampoo

шампунь

Waschlappen

мочалка

Abfluss

сток

Creme

крем

Deodorant

дезодорант

Spiegel
зеркало

Kosmetikspiegel
ручное зеркало

Rasierer
бритва

Rasierschaum
пена для бритья

Rasierwasser
лосьон после бритья

Kamm
расческа

Bürste
щетка

Föhn
фен

Haarspray
лак для волос

Makeup
косметика

Lippenstift
губная помада

Nagellack
лак для ногтей

Watte
вата

Nagelschere
маникюрные ножницы

Parfum
духи

Kulturbeutel

косметичка

Hocker

табуретка

Waage

весы

Bademantel

халат

Gummihandschuhe

резиновые перчатки

Tampon

тампон

Damenbinde

гигиеническая прокладка

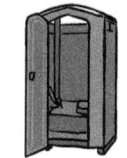

Chemietoilette

биотуалет

Badezimmer - ванная комната

Kinderzimmer
детская комната

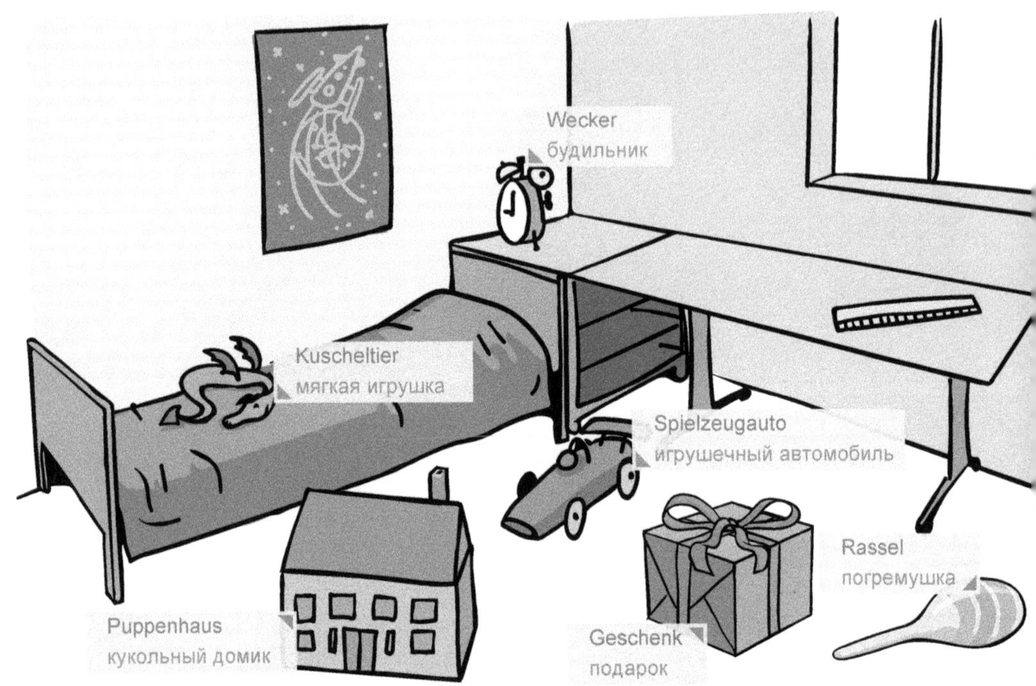

Wecker
будильник

Kuscheltier
мягкая игрушка

Spielzeugauto
игрушечный автомобиль

Rassel
погремушка

Puppenhaus
кукольный домик

Geschenk
подарок

Ballon

воздушный шар

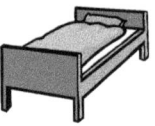

Bett

кровать

Kinderwagen

детская коляска

Kartenspiel

карточная игра

Puzzle

пазл

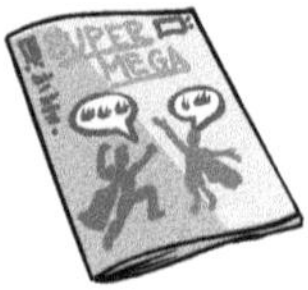

Comic

комикс

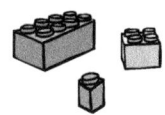
Legosteine
кирпичики Лего

Bausteine
кубики

Actionfigur
игрушечная фигурка

Strampelanzug
ползунки

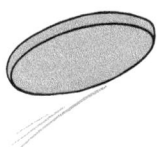
Frisbee
фрисби

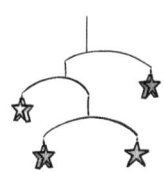
Mobile
мобиле

Brettspiel
настольная игра

Würfel
кубик

Modelleisenbahn
модель железной дороги

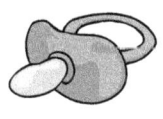
Schnuller
соска

Party
вечеринка

Bilderbuch
книга с картинками

Ball
мяч

Puppe
кукла

spielen
играть

Kinderzimmer - детская комната

Sandkasten
песочница

Schaukel
качели

Spielzeug
игрушка

Spielkonsole
игровая приставка

Dreirad
трехколесный велосипед

Teddy
плюшевый медвежонок

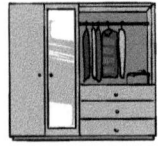
Kleiderschrank
шкаф для одежды

Kleidung
одежда

Socken
носки

Strümpfe
чулки

Strumpfhose
колготки

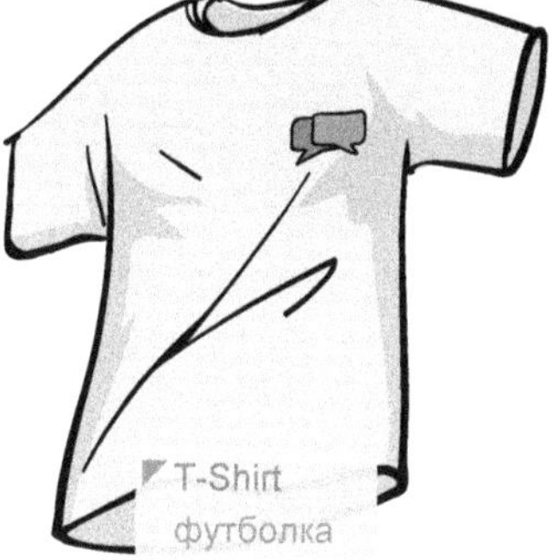

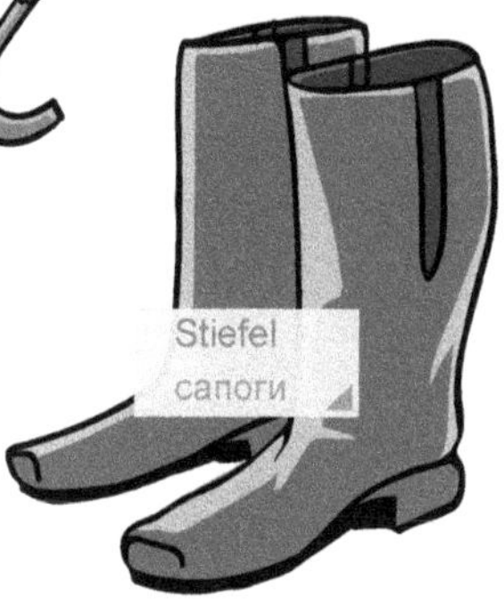

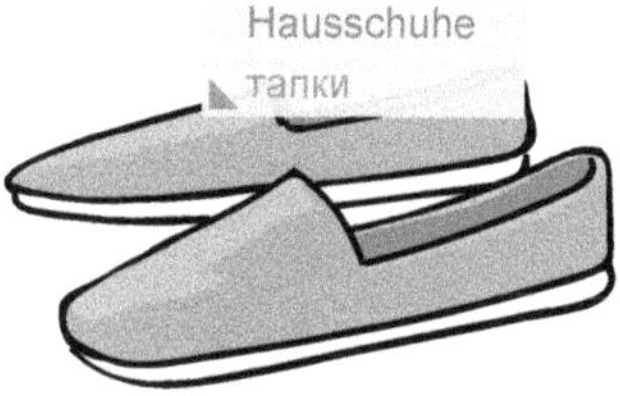

Schal
шарф

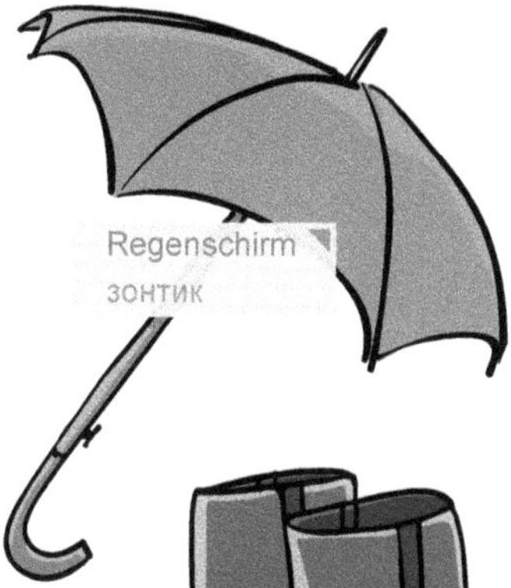

Gürtel
ремень

Regenschirm
зонтик

T-Shirt
футболка

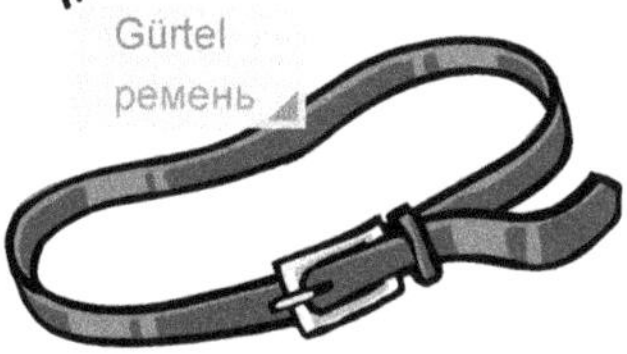

Turnschuhe
кроссовки

Stiefel
сапоги

Hausschuhe
тапки

Sandalen
сандалии

Schuhe
ботинки

Gummistiefel
резиновые сапоги

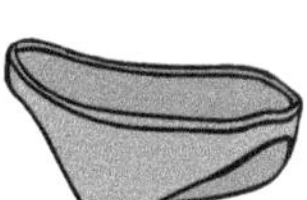

Unterhose
трусы

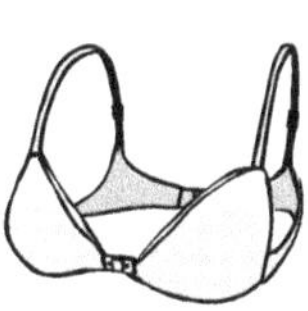

Büstenhalter
бюстгальтер

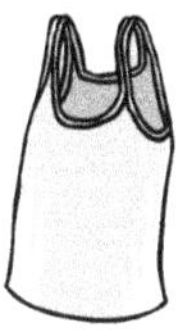

Unterhemd
майка

Kleidung - одежда

Body
боди

Hose
брюки

Jeans
джинсы

Rock
юбка

Bluse
блузка

Hemd
рубашка

Pullover
свитер

Kapuzenpullover
свитер

Blazer
спортивная куртка

Jacke
жакет

Mantel
пальто

Regenmantel
плащ

Kostüm
костюм

Kleid
платье

Hochzeitskleid
свадебное платье

Anzug
мужской костюм

Nachthemd
ночная сорочка

Pyjama
пижама

Sari
сари

Kopftuch
платок

Turban
тюрбан

Burka
паранджа

Kaftan
кафтан

Abaya
абайя

Badeanzug
купальник

Badehose
плавки

kurze Hose
шорты

Jogginganzug
спортивный костюм

Schürze
фартук

Handschuhe
перчатки

Kleidung - одежда

Knopf

пуговица

Brille

очки

Armband

браслет

Halskette

цепочка

Ring

кольцо

Ohrring

серьга

Mütze

шапка

Kleiderbügel

вешалка

Hut

шляпа

Krawatte

галстук

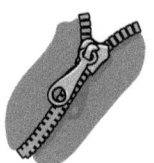

Reißverschluss

застежка молния

Helm

шлем

Hosenträger

подтяжки

Schuluniform

школьная форма

Uniform

форма

Kleidung - одежда

Lätzchen
детский нагрудник

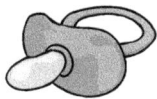
Schnuller
соска

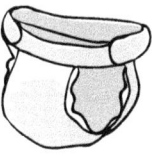
Windel
подгузник

Büro
офис

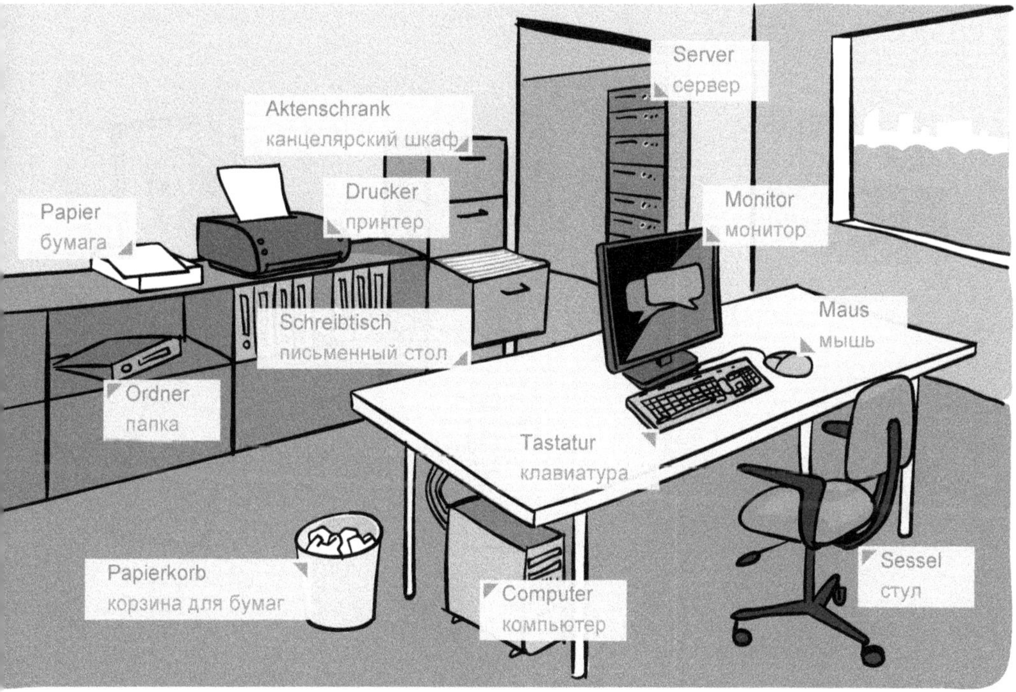

- Server — сервер
- Aktenschrank — канцелярский шкаф
- Drucker — принтер
- Monitor — монитор
- Papier — бумага
- Schreibtisch — письменный стол
- Maus — мышь
- Ordner — папка
- Tastatur — клавиатура
- Papierkorb — корзина для бумаг
- Computer — компьютер
- Sessel — стул

Kaffeebecher
кофейная кружка

Taschenrechner
калькулятор

Internet
интернет

Laptop

ноутбук

Brief

письмо

Nachricht

сообщение

Handy

мобильный телефон

Netzwerk

сеть

Kopierer

ксерокс

Software

программа

Telefon

телефон

Steckdose

розетка

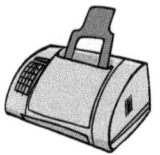

Fax

факс

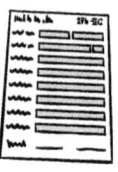

Formular

формуляр

Dokument

документ

Büro - офис

Wirtschaft
экономика

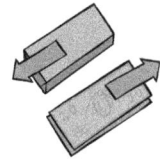
kaufen
покупать

bezahlen
платить

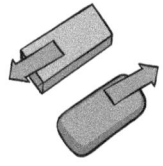
handeln
торговать

Geld
деньги

Dollar
доллар

Euro
евро

Yen
иена

Rubel
рубль

Franken
франк

Renminbi Yuan
жэньминьби юань

Rupie
рупия

Bankomat
банкомат

Wirtschaft - экономика

Wechselstube
пункт обмена валюты

Gold
золото

Silber
серебро

Öl
нефть

Energie
энергия

Preis
цена

Vertrag
договор

Steuer
налог

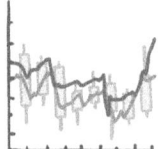
Aktie
акция

arbeiten
работать

Angestellte
служащий

Arbeitgeber
работодатель

Fabrik
фабрика

Geschäft
магазин

Wirtschaft - экономика

Berufe
профессии

Polizist
милиционер

Feuerwehrmann
пожарный

Koch
повар

Ärztin
врач

Pilot
пилот

Gärtner

садовник

Tischler

столяр

Schneiderin

швея

Richter

судья

Chemikerin

химик

Schauspieler

актёр

Busfahrer — водитель автобуса
Taxifahrer — таксист
Fischer — рыбак

Putzfrau — уборщица
Dachdecker — кровельщик
Kellner — официант

Jäger — охотник
Maler — художник
Bäcker — пекарь

Elektriker — электрик
Bauarbeiter — строитель
Ingenieur — инженер

Schlachter — мясник
Installateur — сантехник
Briefträgerin — почтальон

Berufe - профессии

Soldat
солдат

Architekt
архитектор

Kassiererin
кассир

Blumenhändlerin
флорист

Friseur
парикмахер

Schaffner
кондуктор

Mechaniker
механик

Kapitän
капитан

Zahnärztin
зубной врач

Wissenschaftler
ученый

Rabbi
раввин

Imam
имам

Mönch
монах

Pfarrer
священник

Berufe - профессии

Werkzeuge
инструменты

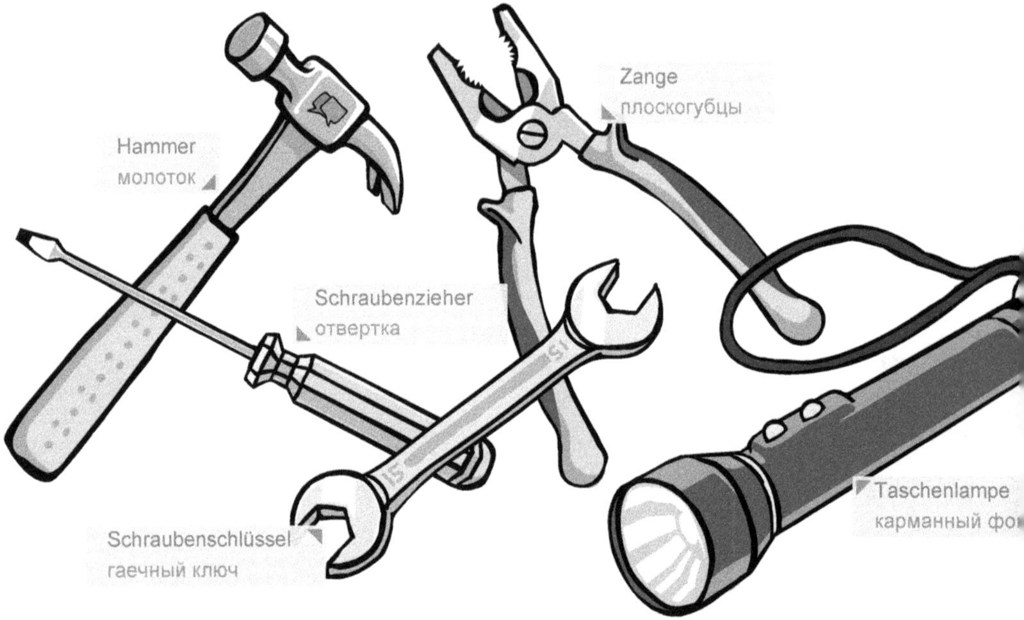

Hammer — молоток
Zange — плоскогубцы
Schraubenzieher — отвертка
Schraubenschlüssel — гаечный ключ
Taschenlampe — карманный фо...

Bagger
экскаватор

Werkzeugkasten
ящик для инструментов

Leiter
стремянка

Säge
пила

Nägel
гвозди

Bohrer
дрель

reparieren
ремонтировать

Schaufel
лопата

Scheiße!
Блин!

Kehrschaufel
совок

Farbtopf
ведро с краской

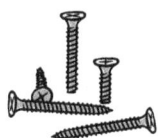
Schrauben
винты

Musikinstrumente
музыкальные инструменты

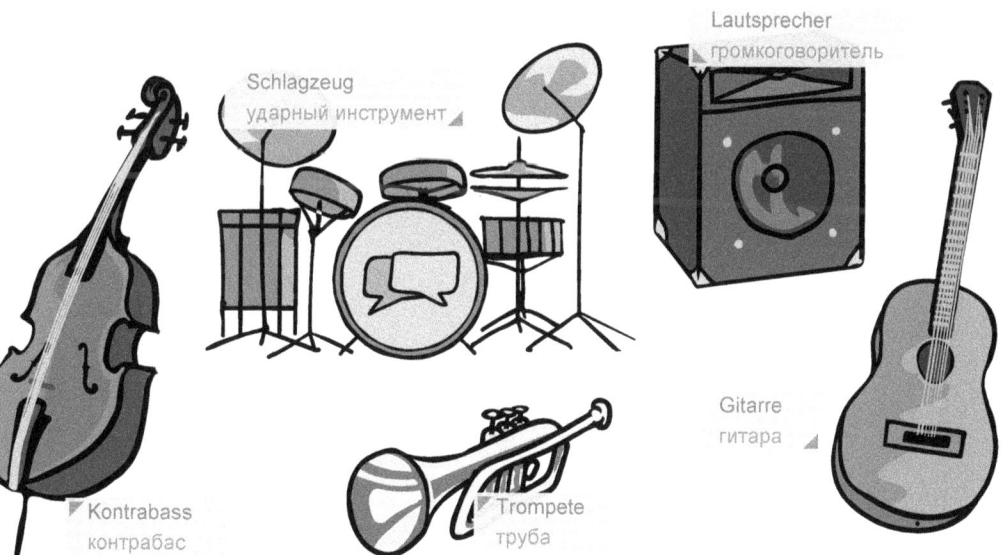

Lautsprecher — громкоговоритель
Schlagzeug — ударный инструмент
Gitarre — гитара
Kontrabass — контрабас
Trompete — труба

Klavier

пианино

Violine

скрипка

Bass

бас-гитара

Pauke

литавры

Trommeln

барабан

Tastatur

синтезатор

Saxophon

саксофон

Flöte

флейта

Mikrofon

микрофон

Musikinstrumente - музыкальные инструменты

Zoo
зоопарк

Tiger — тигр
Eingang — вход
Käfig — клетка
Zebra — зебра
Tierfutter — корм
Panda — панда

Tiere
животные

Elefant
слон

Känguru
кенгуру

Nashorn
носорог

Gorilla
горилла

Bär
медведь

 Kamel верблюд	 Strauß страус	 Löwe лев
 Affe обезьяна	 Flamingo фламинго	 Papagei попугай
 Eisbär белый медведь	 Pinguin пингвин	 Hai акула
 Pfau павлин	 Schlange змея	 Krokodil крокодил
 Zoowärter служитель зоопарка	 Robbe тюлень	 Jaguar ягуар

Zoo - зоопарк

Pony

пони

Leopard

леопард

Nilpferd

бегемот

Giraffe

жираф

Adler

орел

Wildschwein

кабан

Fisch

рыба

Schildkröte

черепаха

Walross

морж

Fuchs

лиса

Gazelle

газель

Zoo - зоопарк

Sport
спорт

haben	machen	sein
иметь	делать	быть

stehen	laufen	ziehen
стоять	бежать	тянуть

werfen	fallen	liegen
бросать	падать	лежать

warten	tragen	sitzen
ждать	носить	сидеть

anziehen	schlafen	aufwachen
надевать	спать	просыпаться

Aktivitäten - действия

ansehen
рассматривать

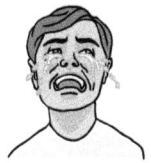
weinen
плакать

streicheln
гладить

frisieren
причесывать

reden
говорить

verstehen
понимать

fragen
спрашивать

hören
слушать

trinken
пить

essen
кушать

zusammenräumen
наводить порядок

lieben
любить

kochen
готовить

fahren
ехать

fliegen
летать

Aktivitäten - действия

segeln
ходить под парусом

rechnen
считать

lesen
читать

lernen
учиться

arbeiten
работать

heiraten
вступать в брак

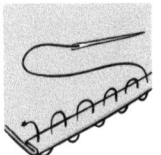
nähen
шить

Zähne putzen
чистить зубы

töten
убивать

rauchen
курить

senden
отправлять

Familie
семья

Großmutter — бабушка
Großvater — дедушка
Vater — папа
Mutter — мама
Baby — младенец
Tochter — дочь
Sohn — сын

Gast
гость

Tante
тетя

Onkel
дядя

Bruder
брат

Schwester
сестра

Körper
тело

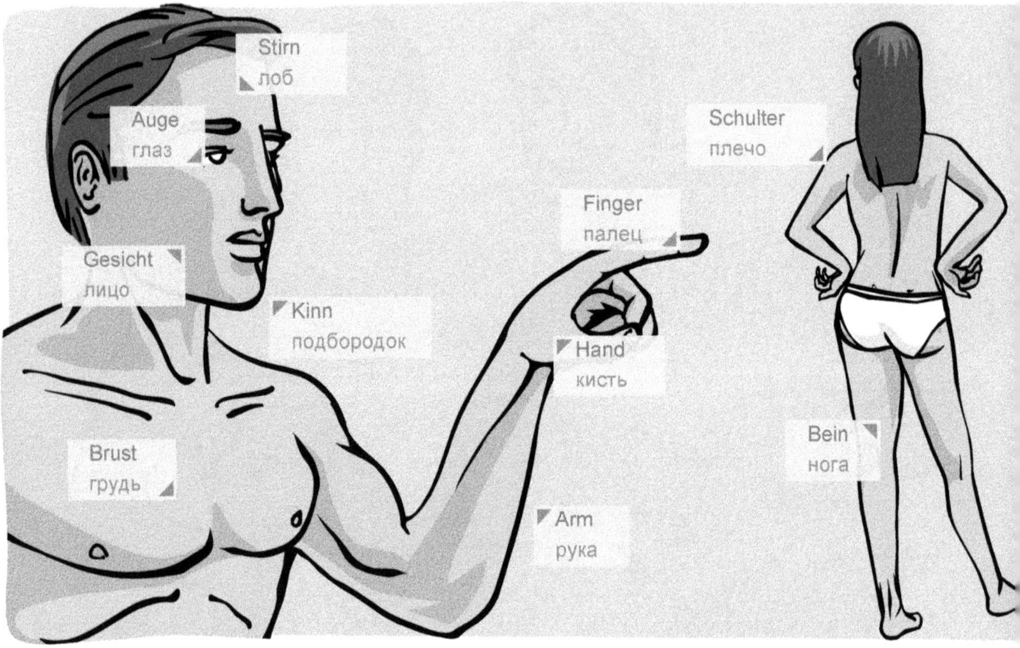

Stirn
лоб

Auge
глаз

Schulter
плечо

Finger
палец

Gesicht
лицо

Kinn
подбородок

Hand
кисть

Brust
грудь

Bein
нога

Arm
рука

Baby
младенец

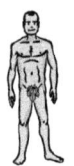

Mann
мужчина

Frau
женщина

Mädchen
девочка

Junge
мальчик

Kopf
голова

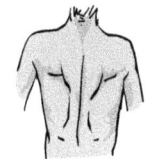
Rücken
спина

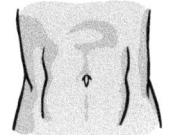
Bauch
живот

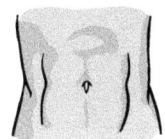
Nabel
пупок

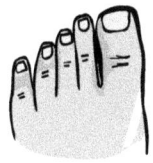
Zeh
палец ноги

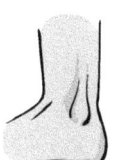
Ferse
пятка

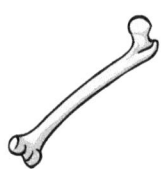
Knochen
кость

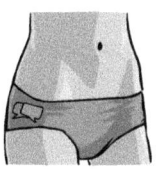
Hüfte
бедро

Knie
колено

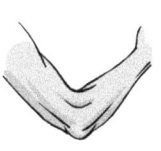
Ellbogen
локоть

Nase
нос

Gesäß
ягодицы

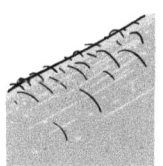
Haut
кожа

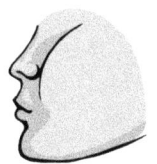
Wange
щека

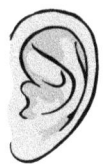
Ohr
ухо

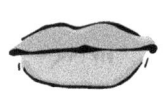
Lippe
губа

Körper - тело

Mund
рот

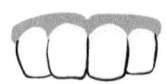

Zahn
зуб

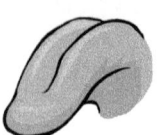

Zunge
язык

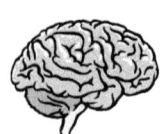

Gehirn
мозг

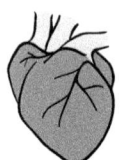

Herz
сердце

Muskel
мышца

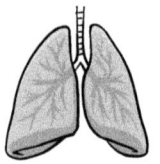

Lunge
легкое

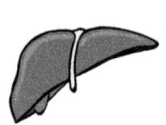

Leber
печень

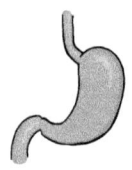

Magen
желудок

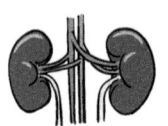

Nieren
почки

Geschlechtsverkehr
половой акт

Kondom
презерватив

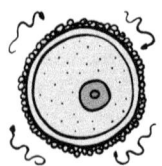

Eizelle
яйцеклетка

Sperma
сперма

Schwangerschaft
беременность

Körper - тело

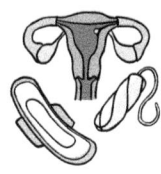

Menstruation

менструация

Vagina

вагина

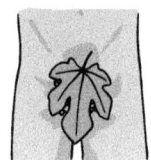

Penis

пенис

Augenbraue

бровь

Haar

волосы

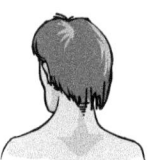

Hals

шея

Körper - тело

Spital
больница

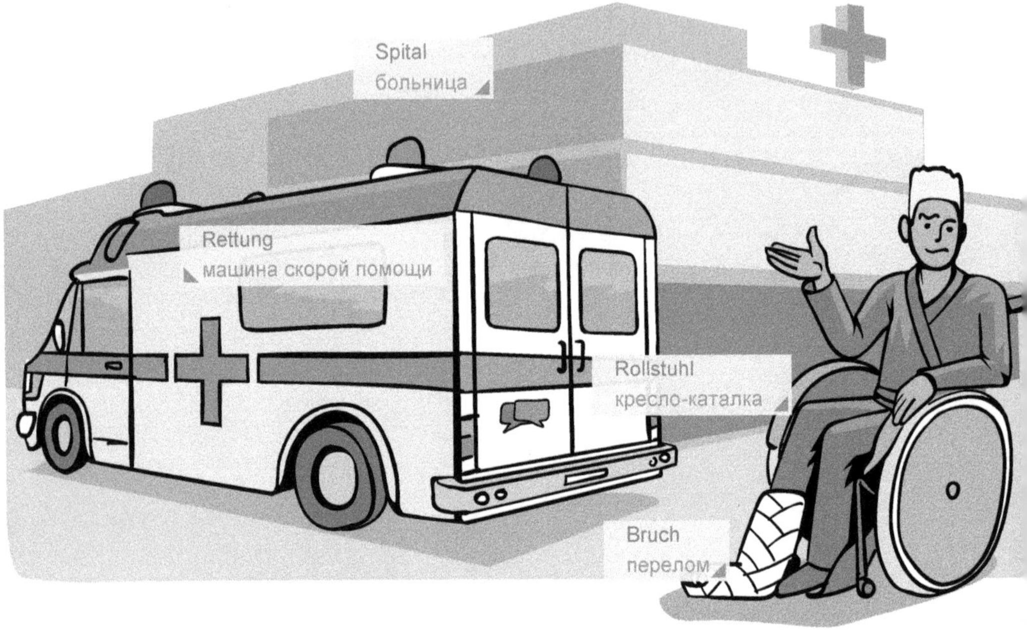

Spital
больница

Rettung
машина скорой помощи

Rollstuhl
кресло-каталка

Bruch
перелом

Ärztin
врач

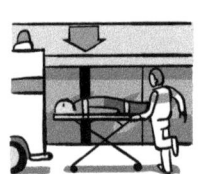

Notaufnahme
пункт первой помощи

Krankenschwester
медсестра

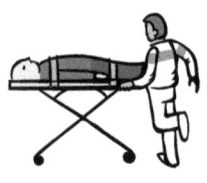

Notfall
неотложный случай

ohnmächtig
без сознания

Schmerz
боль

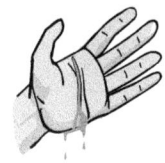

Verletzung
повреждение

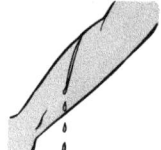

Blutung
кровотечение

Herzinfarkt
инфаркт

Schlaganfall
инсульт

Allergie
аллергия

Husten
кашель

Fieber
повышенная температура

Grippe
грипп

Durchfall
понос

Kopfschmerzen
головная боль

Krebs
рак

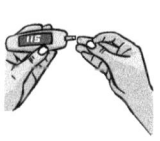

Diabetes
диабет

Chirurg
хирург

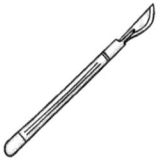

Skalpell
скальпель

Operation
операция

Spital - больница

CT
КТ

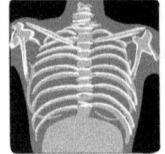
Röntgen
рентген

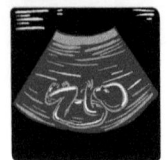
Ultraschall
ультразвук

Maske
маска

Krankheit
болезнь

Wartezimmer
приемная

Krücke
костыль

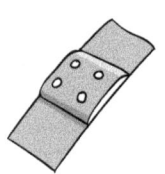
Pflaster
пластырь

Verband
бинт

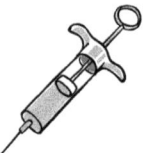
Injektion
укол

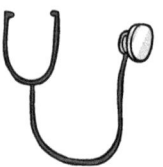
Stethoskop
стетоскоп

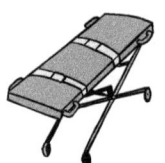
Trage
носилки

Thermometer
термометр

Geburt
рождение

Übergewicht
избыточный вес

Spital - больница

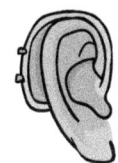

Hörgerät

слуховой аппарат

Desinfektionsmittel

дезинфекционное средство

Infektion

инфекция

Virus

вирус

HIV / AIDS

ВИЧ / СПИД

Medizin

лекарство

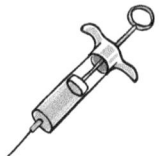

Impfung

прививка

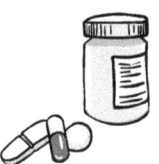

Tabletten

таблетки

Pille

противозачаточная таблетка

Notruf

экстренный вызов

Blutdruckmesser

прибор для измерения кровяного давления

krank / gesund

больной / здоровый

Notfall
неотложный случай

Hilfe!
Помогите!

Alarm
сигнал тревоги

Überfall
нападение

Angriff
атака

Gefahr
опасность

Notausgang
запасной выход

Feuer!
Пожар!

Feuerlöscher
огнетушитель

Unfall
несчастный случай

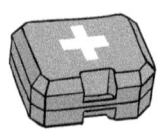

Erste-Hilfe-Koffer
аптечка

SOS
SOS

Polizei
милиция

Erde
земля

Europa
Европа

Nordamerika
Северная Америка

Südamerika
Южная Америка

Afrika
Африка

Asien
Азия

Australien
Австралия

Atlantık
Атлантический океан

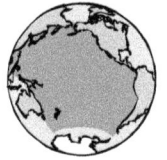

Pazifik
Тихий океан

Indische Ozean
Индийский океан

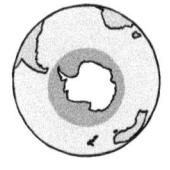

Antarktische Ozean
Антарктический океан

Arktische Ozean
Северный Ледовитый океан

Nordpol
Северный полюс

Südpol / Антарктис / Erde
Южный полюс / Антарктика / земля

Land / Meer / Insel
суша / море / остров

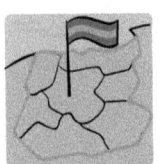 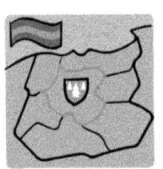

Nation / Staat
нация / государство

Erde - земля

Uhr
часы

Ziffernblatt
циферблат

Stundenzeiger
часовая стрелка

Minutenzeiger
минутная стрелка

Sekundenzeiger
секундная стрелка

Wie spät ist es?
Который час?

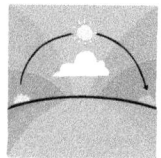

Tag
день

Zeit
время

jetzt
сейчас

Digitaluhr
электронные часы

Minute
минута

Stunde
час

Woche
неделя

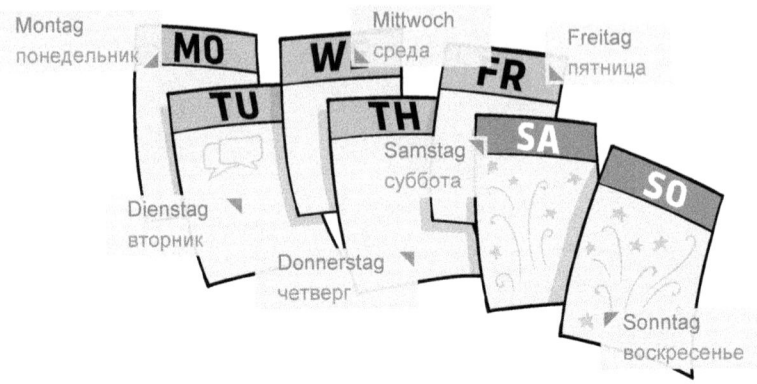

gestern
вчера

heute
сегодня

morgen
завтра

Morgen
утро

Mittag
полдень

Abend
вечер

Arbeitstage
рабочие дни

Wochenende
выходные

Jahr
год

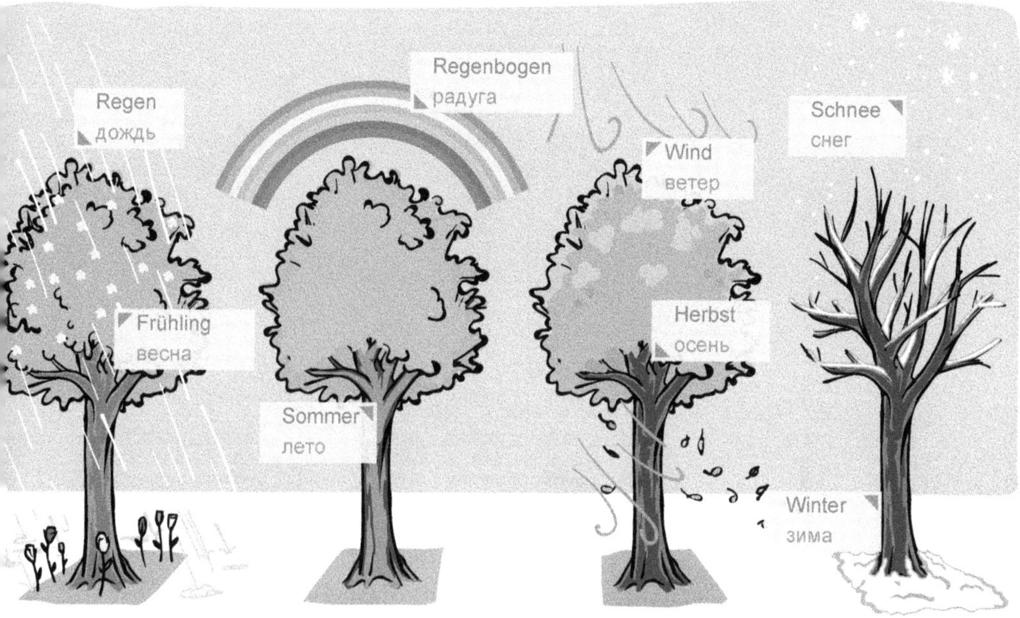

Regen — дождь
Regenbogen — радуга
Wind — ветер
Schnee — снег
Frühling — весна
Sommer — лето
Herbst — осень
Winter — зима

Wettervorhersage
прогноз погоды

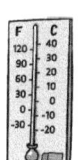

Thermometer
термометр

Sonnenschein
солнечный свет

Wolke
туча

Nebel
туман

Luftfeuchtigkeit
влажность воздуха

Blitz

молния

Donner

гром

Sturm

буря

Hagel

град

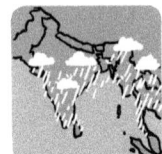

Monsun

муссон

Flut

наводнение

Eis

лед

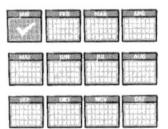

Jänner

январь

Februar

февраль

März

март

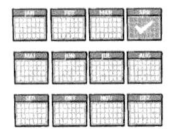

April

апрель

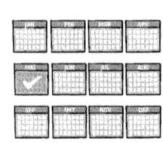

Mai

май

Juni

июнь

Juli

июль

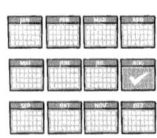

August

август

Jahr - год

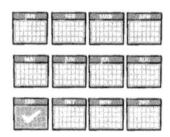
September
сентябрь

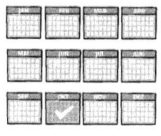
Oktober
октябрь

November
ноябрь

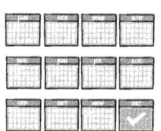
Dezember
декабрь

Formen
формы

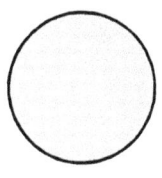
Kreis
круг

Quadrat
квадрат

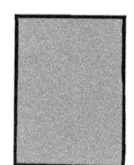
Rechteck
прямоугольник

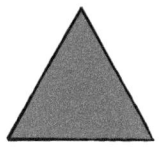
Dreieck
треугольник

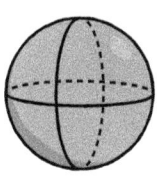
Kugel
шар

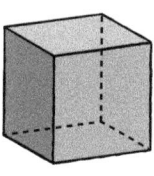
Würfel
куб

Farben
цвета

weiß
белый

gelb
желтый

orange
оранжевый

pink
розовый

rot
красный

lila
лиловый

blau
синий

grün
зеленый

braun
коричневый

grau
серый

schwarz
черный

Gegenteile
противоположности

viel / wenig

много / мало

wütend / friedlich

яростный / мирный

hübsch / hässlich

красивый / уродливый

Anfang / Ende

начало / конец

groß / klein

большой / маленький

hell / dunkel

светлый / тёмный

Bruder / Schwester

брат / сестра

sauber / schmutzig

чистый / грязный

vollständig / unvollständig

полный / неполный

Tag / Nacht

день / ночь

tot / lebendig

мёртвый / живой

breit / schmal

широкий / узкий

Gegenteile - противоположности

genießbar / ungenießbar

съедобный / несъедобный

böse / freundlich

злой / дружелюбный

aufgeregt / gelangweilt

взволнованный / скучающий

dick / dünn

толстый / худой

zuerst / zuletzt

сначала / в конце

Freund / Feind

друг / враг

voll / leer

полный / пустой

hart / weich

твердый / мягкий

schwer / leicht

тяжелый / легкий

Hunger / Durst

голод / жажда

krank / gesund

больной / здоровый

illegal / legal

незаконный / законный

gescheit / dumm

умный / глупый

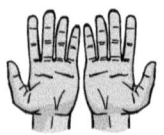

links / rechts

слева / справа

nah / fern

близко / далеко

Gegenteile - противоположности

neu / gebraucht

новый / подержанный

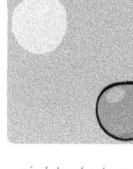

nichts / etwas

ничто / нечто

alt / jung

старый / молодой

an / aus

включено / выключено

offen / geschlossen

открыто / закрыто

leise / laut

тихо / громко

reich / arm

богатый / бедный

richtig / falsch

правильный / неправильный

rau / glatt

шероховатый / гладкий

traurig / glücklich

ечальный / счастливый

kurz / lang

короткий / длинный

langsam / schnell

медленный / быстрый

nass / trocken

мокрый / сухой

warm / kühl

теплый / прохладный

Krieg / Frieden

война / мир

Gegenteile - противоположности

Zahlen
цифры

0 null / ноль

1 eins / один

2 zwei / два

3 drei / три

4 vier / четыре

5 fünf / пять

6 sechs / шесть

7 sieben / семь

8 acht / восемь

9 neun / девять

10 zehn / десять

11 elf / одиннадцать

12 zwölf — двенадцать

13 dreizehn — тринадцать

14 vierzehn — четырнадцать

15 fünfzehn — пятнадцать

16 sechzehn — шестнадцать

17 siebzehn — семнадцать

18 achtzehn — восемнадцать

19 neunzehn — девятнадцать

20 zwanzig — двадцать

100 hundert — сто

1.000 tausend — тысяча

1.000.000 Million — миллион

Zahlen - цифры

Sprachen
языки

Englisch

английский

Amerikanisches Englisch

американский английский

Chinesisch (Mandarin)

мандаринский китайский

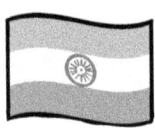

Hindi

хинди

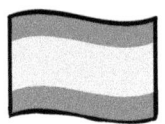

Spanisch

испанский

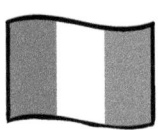

Französisch

французский

Arabisch

арабский

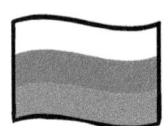

Russisch

русский

Portugiesisch

португальский

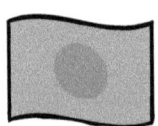

Bengalisch

бенгальский

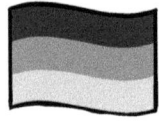

Deutsch

немецкий

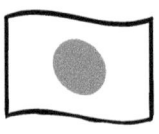

Japanisch

японский

wer / was / wie
кто / что / как

ich
я

du
ты

er / sie / es
он / она / оно

wir
мы

ihr
вы

sie
они

Wer?
кто?

Was?
что?

Wie?
как?

Wo?
где?

Wann?
когда?

Name
имя

wo
где

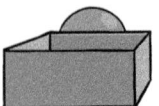

hinter
за

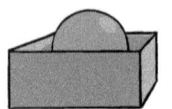

in
в

vor
перед

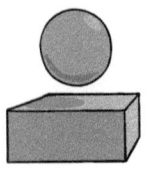

über
над

auf
на

unter
под

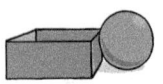

neben
рядом

zwischen
между

Ort
место

Lightning Source UK Ltd.
Milton Keynes UK
UKHW010905061120
372919UK00009B/246